Couvertures supérieure et inférieure
manquantes

L'ÉPERVIER

ou

LE KHÉDIVE Vᵉ ET SES TRIBUNAUX

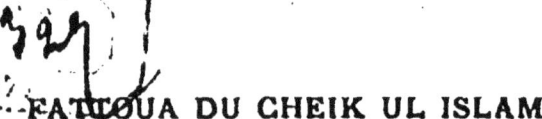

FATTOUA DU CHEIK UL ISLAM

« *Si le chef de l'État donne des preuves de dérange-
« ment d'esprit et d'ignorance des affaires politiques, s'il
« emploie les revenus publics à ses dépenses personnelles,
« et au delà de ce que peuvent supporter l'État et la
« nation, s'il met la confusion dans les affaires spiri-
« tuelles et temporelles, et si son maintien au pouvoir est
« devenu nuisible à l'État et à la nation, peut-il être
« déposé ?* »

        Réponse : Oui.
        (Signé) Hassan Hairoullah.

Juin 1876.

Quelle est la seule et véritable solution à donner à la crise financière égyptienne ?

Primo. L'expulsion de l'Égypte de son gouverneur e de tous les membres de sa famille;

Secundo. La confiscation de toutes leurs propriétés mobilières et immobilières, palais, harems, brillants, diamants, de leurs fonds placés à l'étranger, enfin de tout ce qu'ils possèdent;

Tertio. Leur vente au profit de tous leurs créanciers;

Quarto. L'occupation de l'Égypte par la France et l'Angleterre;

Quinto. La colonisation et la canalisation de la Basse-Égypte;

Et sexto. L'encouragement de l'agriculture dans la Haute-Égypte et dans une partie du Soudan.

Tels sont les points que nous allons développer et peut-être élucider.

Primo. De l'expulsion au point de vue religieux.

Quelle est la position financière de l'Égypte? Le plus *grand désordre, la plus folle prodigalité* ont toujours été à l'ordre du jour depuis le 18 *janvier* 1863; ce sont les *démentis* les plus hideux au discours d'inauguration de ce *pouvoir éhonté!!* la plus insigne *mauvaise foi! Perfidies, mensonges* continuels!! au milieu de la misère publique, *les théâtres* du Cairo donnent leurs représentations comme à l'époque de cette splendeur, dont le but était de mieux *dissimuler la vérité*, et alors, de tromper.

La chute d'*Abdul Aziz* est un enseignement!! Si celle du gouverneur actuel de l'Égypte n'est pas aussi tragique, elle doit être aussi grande. Que la même question posée au chef de la religion de l'Islam pour *Abdul Aziz* lui soit faite par le gouverneur de l'Égypte; sa réponse devra être identique.

Malgré toutes ses *prodigalités*, ce gouverneur peut

payer ses créanciers ; il sait que son pouvoir dépend *du sultan;* il garde l'argent de ses créanciers pour gagner sa cause à *Constantinople.*

Après tous les sacrifices, pour obtenir *l'hérédité* pour son fils aîné, il est forcé de sacrifier ses créanciers ; seul il a voulu et autorisé ce qu'il est, *pouvoir despotique,* il est seul responsable.

Que dit le *hatti-cherif* du sultan à Méhémet Ali, du 18 février 1841 ?

« *Tous les impôts dont la province se trouvera grevée*
« *seront perçus en mon nom, et pour que les habitants*
« *de l'Égypte, qui font partie de ma Sublime Porte, ne*
« *soient pas exposés à des avanies et à des perceptions*
« *irrégulières, les dîmes, droits et autres impôts y seront*
« *réglés d'après le même système que celui suivi dans le*
« *reste de l'Empire.* »

Puis il ajoute : « *La concession de l'hérédité au gou-*
« *vernement de l'Égypte étant soumise aux conditions*
« *sus-énoncées, l'inexécution de l'une d'elles motivera*
« *le retrait immédiat de cette concession.* »

Voilà un pouvoir bien déterminé, dont les bornes sont bien fixées.

Que le chef de l'Islam, à Constantinople, se prononce sur la gestion du gouverneur actuel de l'Égypte: *la déchéance est assurée.*

DÉPOSITION AU POINT DE VUE POLITIQUE

Que dit le firman du 1er juin 1841 ?

« *Et vous travaillerez sans relâche à assurer le bien-*

« *être et la tranquillité des habitants de l'Égypte, les pro-*
« *tégeant contre toute injustice et toute vexation, etc.* »

Puis il ajoute : « *Si l'une des conditions demeurait*
« *sans être exécutée, la prérogative de l'hérédité serait à*
« *l'instant même abrogée et elle cesserait d'exister.* »

La réponse est l'acceptation de Méhémet Ali, jour du 23 juin 1841.

L'Autriche, la Grande-Bretagne, la Prusse et la Russie, par une note adressée à la Porte *le 10 mai 1841,* disent « *qu'elles ne peuvent considérer la soumission*
« *qu'a faite formellement Méhémet Ali que comme abso-*
« *lue.* »

Si feu le sultan *Abdul Aziz* a modifié ces firmans à l'égard de l'hérédité, c'est sans *le consentement des quatre puissances signataires au* 10 *mai* 1841 *et par la France le* 13 *juillet* 1841. Ils sont intacts sous le rapport des autres articles, ils ont force de lois et doivent être appliqués.

Contrairement au *hatti-chérif* du 18 février 1841, les indigènes sont accablés par des *impôts* excessifs. Tous les habitants de l'Égypte, contrairement au firman du 1er juin 1841, sont menacés d'une ruine complète.

Les impôts les plus contraires *aux capitulations* sont perçus, malgré les réclamations et les protestations les plus légitimes.

Telle est la situation des habitants de l'Égypte !!!

En Egypte, il est impossible à un Européen, quelque éclairé, quelque haut placé qu'il soit, d'être bien renseigné sur les agissements du pouvoir; *la terreur* qu'il inspire aux indigènes est telle que, depuis le fonctionnaire de l'ordre le plus élevé jusqu'au dernier indigène, *le silence est de rigueur; parler, c'est mourir sous le bâton ou l'exil.*

Quant aux exactions, il paraît impossible de les augmenter, à moins que ledit pouvoir ne fasse la traite des indigènes, comme *il continue à faire celle des noirs et des eunuques !!!*

La crise financière égyptienne est le fait du *pouvoir actuel;* il lui incombe de la faire cesser, par la restitution des milliards *qu'il détient* pour se consolider à *Constantinople.*

La déchéance politique doit être demandée par les puissances signataires au 10 *mai* 1841.

Avec quel argent a-t-il fait cette stupide guerre à *l'Abyssinie ?* avec celui *de ses créanciers ;* l'envoi de troupes, de munitions et de vivres à Constantinople ? *Encore l'argent de ses créanciers !!!*

3ᵐᵉ *point. La confiscation, ou saisie de toutes les propriétés,* etc., etc., etc.

Si nous tenons compte de la fortune du gouverneur de l'Égypte, lors de son inauguration au pouvoir le 18 *janvier* 1863, nous constaterons qu'elle s'est augmentée *dans une proportion colossale.*

Cette augmentation est le produit *de concussions* qui causent la ruine de la *fortune publique ;* la restitution est de rigueur.

Si l'on se reporte à l'époque de l'inauguration du canal (1869), au faste tout oriental étalé par ce pouvoir, qui a toujours été en augmentant, *la crise financière* s'explique.

MM. *Cave, Goschen, Joubert et tutti quanti* sont partis d'un principe faux ; *la bonne foi* du gouverneur de l'Égypte; *elle n'existe pas.* Ces deux derniers agents financiers sont-ils venus pour rétablir le *crédit public*, ou *les affaires de leurs clients?*

A la première question, nous répondrons *qu'un seul fonctionnaire égyptien* pouvait les renseigner avec une précision mathématique ; c'était le *Ministre des finances, exilé,* dit le Moniteur égyptien, *journal officiel; arrivé à Esneh,* dit le *journal semi-officiel,* le Pharo d'Alexandrie ; *enfin empoisonné, puis étranglé, d'après* le Journal d'Alexandrie *(feuille internationale).* Exilé, empoisonné et étranglé, il sait ou savait tout.

Si MM. les consuls de France et d'Angleterre, au Caire, pour surveiller les combinaisons financières en cours d'examen, avaient mis ledit ministre sous leur protection, ils auraient obtenu de lui tous les renseignements utiles!!! ils auraient connu tous les agissements, tous les tripotages financiers ordonnés par le gouverneur de l'Égypte!!! Ils auraient constaté les milliards encaissés, leur emploi, et acquis la preuve irréfutable que ce pouvoir *peut,* mais *ne veut* pas payer !!!

Certes, la fortune de l'exilé ou de l'empoisonné, puis étranglé, doit être grande, elle n'a rien que de très-légitime en Égypte. Qui donc, par des moyens financiers si habilement combinés, *a créé* le crédit égyptien? *l'ex-ministre.* Qui a fait accroire à la richesse inépuisable de l'Égypte? encore le même *ex-ministre!!!* Qui donc a gagné la confiance de MM. les banquiers d'Alexandrie, et par contre celle des financiers européens? toujours *l'ex-ministre!!!* Le gouverneur de l'Égypte croit-il dégager la terrible responsabilité qui lui incombe, par l'exil, l'empoisonnement et l'étranglement *de l'ex-ministre* et le vol de tout ce qui lui appartient ainsi qu'aux siens, et cela pour lui avoir si bien obéi.

Exil, empoisonnement, étranglement, saisies, sont des *crimes*, des *vols*, des *pillages* indignes d'un pouvoir qui parle sans cesse *de civilisation*.

Le gouverneur de l'Égypte croit-il encore une fois dégager la responsabilité qui l'écrase par de pareils actes ? Étrange illusion !!! Si les anciens Égyptiens ne jugeaient leurs rois qu'après leur mort, et ne leur accordaient la sépulture que s'ils avaient régné avec justice, la civilisation moderne agit de leur vivant. *Charles Ier d'Angleterre*, *Louis XVI de France*, *Charles X*, *Louis-Philippe Ier*, *l'homme du Deux-Décembre*, attestent ce que nous disons.

Les Européens créanciers du gouverneur de l'Égypte ont le droit de l'exécuter *(financièrement)*, l'élément européen s'est laissé jouer jusqu'à ce jour par l'intrigue financière, aidée *du concours* du gouverneur de l'Égypte ; ce dernier passe pour avoir fait acte de haute et bonne justice par *l'exil, l'empoisonnement et l'étranglement* de *l'ex-ministre des finances* !!!

Qu'il nous soit permis de faire observer que la disparition de ce fonctionnaire n'exonère en rien *la responsabilité* toute *despotique* du gouverneur de l'Égypte.

MM. les fonctionnaires européens avaient demandé qu'il fût cité devant les tribunaux de la réforme ; le ministre, pressé par la correspondance réitérée de MM. les membres européens de la commission des finances, qui exigeaient la remise des sommes indiquées sur les états qui leur avaient été remis officiellement ce ministre, gardait le silence par dévouement à son maître, qui avait lesdites sommes dans ses caisses. Devait-il ? par une réponse irréfutable qu'il pouvait produire, *démontrer les extorsions, les concussions, les détournements, les prévarications de son maître.*

Le pouvoir (Ismaïl) a préféré *le conseil privé;* pourquoi ? parce que devant les tribunaux de la réforme, *l'ex-ministre* aurait produit *des ordres, des pièces ; la vérité se serait fait jour, le vrai coupable Ismaïl Pacha* et non *Ismaïl Sadik* seraient convaincus *de concussions, de vols, de stellionats,* etc., etc., et comme tel, mis au ban de l'Europe; *Ismaïl, le khédive I°,* a tressé lui-même *le cordon qui l'étranglera à son tour.*

Qui donc lui *procurera* aujourd'hui les *milliards* indispensables *à ses sujets? Les morts ne reviennent pas,* dit-on, mais si, à l'aide *du cachet saisi sur le cadavre encore chaud de l'étranglé, on combinait des opérations financières,* établissant une *culpabilité utile au vrai coupable Ismaïl Pacha, khédive V°;* ces opérations devront *concorder* avec *certains documents dressés par la victime;* dans cette situation, *de nouveaux crimes* seraient à ajouter au premier. *Le feu* purifierait-il tout ? l'opinion publique aurait le droit de dire, *le criminel est celui à qui le crime a profité..... le pouvoir !!!*

Qui lui a procuré les millions utiles, pour *l'hérédité sollicitée* et obtenue de *Constantinople ? l'étranglé !!! les millions* pour obtenir la réforme judiciaire ? *l'étranglé !!!* Ces dernières dépenses pour satisfaire la *sotte vanité du pouvoir,* si plaisamment représenté par le vaniteux *Nubar*, qui se tient prudemment à l'écart en Europe et dès lors, à l'abri de *l'étranglement? l'étranglé!!!* Qui donc remplace *la victime?* le jeune *Hussein (prince)* qui, en fait de calculs, ne connaît peut-être que *la soustraction*, comme son adjoint *Omer Pacha*; il nous paraît impossible d'être plus *grotesque*.

Pourquoi pas *S. E. Chérif Pacha* qui passe pour honnête, et que feu *Saïd Pacha* appelait son ministre, pour ne rien faire alors qu'il était ministre des affaires étrangères?

Ce carnaval des fonctionnaires égyptiens finira-t-il bientôt?

MM. les financiers européens, ouvrirez-vous enfin les yeux?

Ministres, conseil privé, chambre des délégués, ne représentent qu'une volonté, celle d'*Ismaïl Pacha, khédive V*.

Que l'on étrangle, qu'on empoisonne, qu'on empale, qu'on exile, qu'on brûle et qu'on falsifie, MM. les membres de la commission financière pourront toujours faire reconstituer *le budget* des recettes et des dépenses, depuis *le 18 janvier* 1863 jusqu'à la fin tragique *de l'ex-ministre*.

Les Moudiriehs, les administrations égyptiennes, sauront bien produire, quel que soit *leur désordre*, les états des sommes versées par elles.

En général, les fonctionnaires égyptiens, soit qu'ils fassent des versements en espèces, soit qu'ils payent par ordre, ou pour compte du pouvoir, *se mettent en règle*; ils savent parfaitement que, dans le cas contraire, ils seraient *forcés de payer une seconde fois.*

Pour les emprunts contractés en Europe, leur montant est parfaitement connu; la situation bien établie démontrera aux plus incrédules qu'*Ismaïl Pacha, le non étranglé*, peut payer; qu'il ne conserve dans sa caisse l'argent de ses créanciers que pour *s'en servir*, et au besoin *parer* aux événements *à venir*.

La crise financière actuelle est l'œuvre du pouvoir, il doit la réparer, établir ses comptes; il a fait appel au crédit européen, il devient *son justiciable* puisqu'il suspend ses paiements.

Que signifie encore une fois cette guerre à *l'Abyssinie*, alors que la crise financière était dans toute sa force? Pour nous elle est *criminelle*, comme celle de 1870. Les secours de tous genres *envoyés à Constantinople* démontrent notre dire. Il est assez curieux de voir *l'argent européen* employé à défendre *Constantinople* qui, à son tour, maintient l'homme *au pouvoir* en Égypte, *parce qu'il en a besoin*, et auquel il importe peu *qu'il paye où ne paye pas ses créanciers*, puisque lui-même *ne les paye pas*.

Tertio. La vente de tout ce que possède cette nombreuse famille, au profit de ses créanciers, serait conforme à la loi; *Ismaïl* ne peut faire appel *aux droits régaliens*, il n'est qu'un *simple vassal, sujet de la Porte*, avec rang de vizir; il doit comme *industriel, négociant, commerçant, courtier même :* 1° comme tel, il est *sous la loi commune, le tribunal anglais* s'est déjà prononcé sur cette situation *(arrêt du 7 mai 1873, Cour de l'amirauté);* 2° Il est aussi justiciable des tribunaux ottomans, en vertu *de l'art. 41 des capitulations de 1740*, si, par des actes *frauduleux*, il a mis ses vastes *pro-*

priétés (1,200,000 feddans), ses palais, etc., etc., etc., sous *les noms* des membres de sa famille *pour les soustraire* à ses créanciers, il sera facile de démontrer la *fausseté* de ses actes et alors de les *annuler* et de payer tous les créanciers de ce pacha, *quart de souverain;* ses terres sont les mieux situées, les plus fertiles, elles bordent le Nil, à portée des chemins de fer, elles ne manquent jamais d'eau, *ses raffineries* mal administrées trouveront *des acquisiteurs* capables ; donc aucune crainte de ce côté.

Ce projet est *moins politique* que celui où ceux de *MM. Goschen et Joubert,* mais il est plus pratique, plus logique, et surtout conforme à la position que s'est créée le débiteur; mieux, il est d'une *parfaite légalité.*

Au point de vue ottoman, le firman organique du 1er *juin* 1841 est formel; au point de vue européen, les tribunaux de la réforme judiciaire sont compétents pour déclarer *la faillite.*

Les rejetons d'*Ismaïl Pacha* appartiennent à la famille *des champignons vénéneux ;* il est d'une saine et prudente hygiène *de les détruire.* Abattre le père ne suffit pas, il faut *détruire* toute sa lignée, élevée dans les mêmes principes.

Quarto. L'occupation par la France et l'Angleterre est des plus légales. *Français et Anglais* sont les principaux créanciers, ils ont donc le plus grand intérêt à la bonne administration de l'Égypte, *leur gage;* les indigènes eux-mêmes sont intéressés à cette occupation, parce qu'ils ne seront *imposés* que d'après *la loi* et non d'après *la volonté despotique du gouvernement actuel*. Ils ne seront plus sous le coup de lois comme celle *de la Moukabalah* et tant d'autres du même genre; alors l'agriculture, *cette richesse* si féconde de l'Égypte encouragée, reprendra son essor.

Il nous paraît inutile de tracer ici le tableau des impôts payés par les agriculteurs égyptiens, un seul exemple suffit. Sous feu *Saïd Pacha*, les terres de 2ᵉ *catégorie*, dites *attarieh* ou *maraghieh*, payaient fr. 24 60, 1ʳᵉ *classe*. Sous le *gouvernement actuel* il les payent fr. 59 83. Tous les anciens impôts ont suivi la même proportion, il faut y ajouter *ceux créés* par le pouvoir actuel, ainsi que ceux perçus à l'aide *de la bastonnade*, plus ceux perçus *illégalement* sur les Européens!!!

Quinto et sexto. La colonisation et la canalisation sont indispensables. Les indigènes, découragés par *les impôts excessifs, émigrent; la guerre d'Abyssinie* a enlevé des milliers de bras, *les troupes* envoyées à *Constantinople* lui en enlèvent tous les jours. Avec des concessions intelligentes, il sera facile de faire cultiver *les deux millions de feddans* qui sont laissés en *friche* dans a Basse-Égypte ; la *canalisation* partout est indispensable pour atteindre de bons résultats qui augmenteraient considérablement *les revenus* et permettraient de payer promptement *les dettes;* l'agriculture est la meilleure spéculation en Égypte : il faut qu'elle soit protégée; elle est sérieuse et l'emporte de beaucoup sur toutes *les inventions financières* pratiquées jusqu'à ce jour; *la canalisation* exigera une dépense élevée, mais elle sera vite comblée *par les produits.*

La Haute-Égypte et une partie *du Soudan* doivent

produire bien plus étant bien *administrés*, leurs terres sont fertiles, tous les produits des tropiques sont aptes à leur climat.

Septimo. Réflexions sur la triste situation faite aux réclamants qui ont des affaires pendantes avec le gouvernement égyptien depuis douze et quatorze ans, et qui, d'après l'adhésion des puissances, doivent faire vider leurs différends devant *les commissions* des nouveaux tribunaux.

Loin de nous la prétention d'examiner MM. les magistrats de la réforme au point de vue judiciaire. Que nous importe la teneur de leurs arrêts, jugements passés, présents et à venir ! nous ne sommes ni législateurs, ni jurisconsultes, ni légistes, pas même avocats ; mieux, nous espérons bien ne jamais être leurs justiciables.

Sans avoir la prétention de faire une revue de MM. les magistrats, juges de ladite réforme, qu'il nous soit permis, comme simples auditeurs, de publier nos impressions.

Nous engageons fort les *misanthropes* et les *mélancoliques* à assister aux audiences de ces tribunaux ; ils remarqueront surtout que la 2ᵉ *chambre* ne brille que par la plus étrange *confusion;* il leur sera assez difficile de distinguer M. le *président* autrement que par *le siége* qu'il occupe ; certain juge Méllène se fait assez remarquer par *la désinvolture* de son maintien et surtout par des questions assez fréquentes à MM. les avocats ; ce système, de la part de ce juge, indiquerait qu'il désire *se faire remarquer* pour obtenir *la présidence à la* 1ʳᵉ *élection*.

Pour le présent, ces questions augmentent la confusion et font ressembler l'audience *à une salle de vente à la criée.*

Ce qui est assez curieux c'est *l'immobilité* des juges indigènes : leur physionomie ne reflétant aucune pensée, on se demande s'ils sont en *pierre*, en *plâtre* ou en *bois ;* cela tient sans doute à ce qu'ils ne comprennent que *la langue arabe* qui, bien que *légale*, n'est jamais parlée.

A cette même chambre, à l'audience du 7 *décembre*, nous avons examiné et écouté avec attention, surtout avec étonnement, M. le juge *prince Mourouski ;* nous avons toujours cru et croyons encore que la police d'audience n'appartient qu'à M. le président : *le juge prince*, réclamant à haute voix le silence, *frappant avec son poing* sur la table, ordonnant à un garde de faire sortir de la salle un auditeur *fort calme*, tout cela nous a paru d'une inconvenance et d'*un grotesque* déplacés.

Parmi les causes appelées et plaidées, nous avons remarqué la demande de paiement d'une traite endossée par la Daïra vice-royale, *l'avocat* de ladite Daïra, *de race levantine, aux allures communes, à l'organe aviné*, a répondu avec *l'audace qui caractérise l'ignorance* la plus absolue : « *Messieurs, la Daïra vice-*
« *royale a payé tous ses créanciers, elle ne doit plus*
« *rien ; le décret de Son Altesse a été signé par toutes les*
« *puissances.* » A *cette audacieuse, inqualifiable et stupide* réponse, *président, juges, avocats, hommes d'affaires* et *auditeurs* de se regarder ; ces derniers *de rire* malgré le respect dû au tribunal ; *l'avocat du demandeur* de présenter sa traite et de l'offrir à son créancier

vice-royal à 40 % de perte !!! (historique.) Oh ! avocat levantin qui ne croit et ne croasse qu'à Alexandrie, tu es bien digne de celui que tu représentes !!! méfie-toi *du sort de l'exilé*, de *l'empoisonné* et *étranglé ;* certes, tu ne sers pas ton maître avec la même *intelligence* que cette victime ; *ton ignorance* et *ton audace* sont trop richement payées par la rétribution annuelle de *vingt-cinq mille francs*, dit-on ; sache que tu n'es plus devant les *anciens tribunaux mixtes de commerce d'Alexandrie*, où *tes deux mains recevaient de toutes les parties en cause les énormes pots de vin* (Bahchichs) que tu partageais avec *certain président* qui, aujourd'hui, a décliné de grade et de position et n'est plus qu'un *simple juge contemplateur*, siégeant pour la forme dans une des chambres du tribunal de la réforme, et qui est malheureusement trop bien connu par ceux qui ont eu *affaire avec lui !!!*

Toujours à la même chambre, même audience, *M. Pougné*, encore un des défenseurs du gouvernement égyptien, si *richement payé* et si *inutile*, a pris la parole ; les explications sur les *capitulations* nous démontrent sa complète ignorance des agissements de ce gouvernement vis-à-vis les Européens.

Si ce *salarié* veut prendre la peine de bien lire « *l'Essai sur le droit des Européens en Turquie et en* « *Égypte, les Capitulations et la Réforme judiciaire par* « *M. J.-C. Aristide Gavillot*, » il aura alors une juste idée des *avanies* faites aux Européens par le gouverneur actuel de l'Égypte !!! les *exactions* de toutes sortes dont ils sont *victimes !!!* les *impôts illégaux* qui les accablent si injustement contre *tous droits et toutes* raisons ; jamais sous *Mehemet-Ali*, même sous *Abbas*, à plus forte raison sous *Saïd*, pareilles *avanies*, pareilles *exactions*, pareils *impôts* ne se sont produits ; l'ouvrage de *M. Gavillot* est écrit sans dénigration ; il est appuyé par des faits incontestables ; il est d'une saine et rigoureuse logique ; il est d'un honnête citoyen : *la vérité, la justice* y brillent d'un éclat des plus lumineux ; historien impartial, il n'est animé que par la passion d'être véridique ; si MM. les juges de la réforme se pénétraient bien de cet ouvrage, ils accorderaient peu de confiance à *MM. les avocats de ce gouvernement;* ils les obligeraient à modérer *leurs expressions* vis-à-vis de leurs adversaires ou des parties en cause ; ils exigeraient d'eux les *pièces* à l'appui de leurs dires ; ils comprendraient que les *arguties*, pour ne pas écrire les *mensonges* de ces défenseurs, sont dignes du gouvernement qui les paye avec l'argent *de ses créanciers*, auxquels il impose *soixante-cinq ans* pour les rembourser !!!

Même chambre encore, même audience, *M. Lapenna*, fils du président de la Cour d'appel, qui est un jeune avocat débutant, dont l'avenir ne peut à coup sûr qu'être *très-brillant* ici, si la réforme judiciaire ne se *déforme pas;* ce jeune avocat, écrivons-nous, était demandeur pour une valeur de la Daïra impayée, et dont il demandait le paiement ; au début de son exposé qu'il fit *en langue italienne*, M. le président le pria de vouloir bien parler en *langue française*, lui faisant observer que MM. les membres du tribunal *comprenaient* mieux cette langue que la *langue italienne*, qu'il ne croyait pas lui rendre son exposé moins lucide puisqu'il parlait parfaitement les deux langues *(satisfaction du jeune avocat).* Ici se place une observation : bien que nous soyons très-éloignés de l'époque de la *tour de Babel,* nos tribunaux y ressemblent quelquefois ! ! !

Magistrats, juges et *substituts* sont parfois bien embarrassés lorsqu'ils entendent plaider *en italien;* il est difficile de s'expliquer pourquoi la préférence ici de la langue *italienne* à la langue *grecque ;* cette dernière est bien plus importante au point de vue commercial ; éliminer la langue *grecque,* lui préférer la langue *italienne,* n'est pas logique ; les Italiens en Égypte n'ont d'importance que dans *la police,* à la *poste égyptienne,* à *l'intendance sanitaire,* enfin dans *les administrations égyptiennes;* cette nation aime *le far niente* si recherché en Égypte ; la nationalité *grecque* est *active, intelligente, laborieuse,* aime à se relever de son travail; la réforme devait n'adopter que la langue *française,* déjà la langue *diplomatique.* Une langue universelle, nous disons une langue adoptée, sera un immense *progrès social;* si la réforme est un progrès en Égypte, pourquoi hésiter à n'adopter que la langue *française?*

MM. les avocats *italiens* feront comme MM. les avocats *grecs;* il n'est pas question ici de donner plus ou moins d'importance à telle ou telle nation, *il s'agit de progresser.*

M. le président *de la 1re chambre* continue le même système qu'il pratiquait lorsqu'il présidait *la 2e chambre;* l'audience ressemble à un *salon de conversation* entre lui et MM. les avocats. MM. *les juges indigènes* ont la même contenance que MM. leurs collègues de la 2e chambre, probablement *pour les mêmes motifs.*

A la Cour d'appel, M. le président *réélu,* se sert

alternativement des langues *italienne* et *française*, il est difficile de le comprendre dans l'une et dans l'autre; peut-être commanderait-il bien un régiment autrichien, *tête, stature* et *allures* militaires, tout y est; quelquefois il interpelle MM. les avocats, comme un vieux troupier *une recrue*. Lorsque l'on voit que dès lors on connaît les fréquentes visites à *M. Lapenna* de certain fonctionnaire européen, *séide* du pouvoir égyptien, on s'étonne, mieux, on *s'effraye*, pourquoi ? parce que ce fonctionnaire, agent *de corruption*, apparaît toujours pour *troubler, suborner* et *gagner* les consciences.

Auri sacra fames, exécrable soif de l'or!!! surtout en Égypte, quelle puissance tu as!! Que de fois ce même fonctionnaire, *renégat* de sa patrie, plus *corrompu* que le plus *corrompu* des indigènes, a joué le rôle *le plus hideux* dans certains consulats.

La méfiance des Européens, a dit *M. Giaccone*, lorsqu'il faisait partie des commissions sur la réforme, sera *un obstacle*, cette objection provenait sans doute de *l'expérience* acquise pendant son long séjour au consulat italien à Alexandrie.

Pour nous Européens, *ces fréquentes visites de ce corrompu, séide du pouvoir égyptien, sont immorales:* leurs motifs ne peuvent *être honnêtes;* avec l'homme qui a dit qu'il avait *le tarif de toutes les consciences*, la méfiance est des plus légitimes ; ce que la majorité pense et dit tout bas, nous n'hésitons pas à le publier. *Avis à M. Lapenna.*

M. Giaccone paraît toujours ennuyé par *le regret* de n'avoir pu encore cueillir les lauriers *de la présidence*, peut-être aussi par *les prévisions émises* par lui lorsqu'il faisait partie des commissions sur la réforme, alors en projet et à la discussion. En effet, *ces prévisions* se réalisent tous les jours vis-à-vis du gouverneur de l'Égypte.

M. Letourneux, depuis son retour de France, nous paraît prendre ses fonctions au sérieux; l'attention qu'il prête aux débats nous rassure sur l'avenir.

Nous prierons seulement *M. Letourneux* de nous expliquer ce que signifie le système inauguré par lui dans l'affaire *de M. Paget*, citoyen français, contre le gouvernement égyptien.

Nous l'avons entendu à la fin des plaidoiries pour cette affaire, déclarer « *que le jugement serait rendu* « *ultérieurement, et que les parties seraient convoquées à* « *l'avance.* » Il nous semble qu'il y a là une *infraction judiciaire :* fixer le prononcé de l'arrêt à *quinzaine*, à *un mois*, à *un an*, nous le comprenons, parce que c'est un délai fixe; mais dire: *Ultérieurement* n'a pas de raisons pour que le prononcé du jugement de cette affaire ne soit rendu qu'à l'expiration *des cinq ans de* la réforme.

Nous ne parlerons ni de *M. Scott* ni des autres conseillers qui nous semblent *de simples comparses*.

L'impuissance des nouveaux tribunaux *est manifeste* vis-à-vis le gouverneur de l'Égypte, comme *industriel*, *négociant, commerçant* et *courtier ;* la diplomatie, dernier refuge de ce débiteur, a dit son dernier mot; pourquoi attendre la solution proposée par *MM. Groschen et Joubert ?* depuis quand un créancier *fait-il la loi* à ses débiteurs? Qu'il soit déclaré *en état de faillite, les art.* 10 *et* 515 lui sont applicables comme à un simple mortel : *impuissants par faiblesse, complices par corruption,* telle paraît être l'opinion qui domine.

Dans quelle situation sont *MM. les réclamants,* qui attendent depuis 1863 le règlement de leurs affaires ? les commissions appelées à juger ces sortes de réclamations sont accablées par leurs fonctions à la Cour d'appel, aux 1re et 2e chambres et au tribunal sommaire ; ils sont dans l'impossibilité matérielle et morale de siéger plus d'une fois par semaine.

Pour *ces sacrifiés, ces opprimés* du pouvoir égyptien actuel où de la justice, nous avons toujours protesté contre ce système : il est *inique, inhumain.*

Des magistrats spéciaux ne s'occupant que de ces affaires étaient *indispensables,* leur solution devait être exigées *avant* le fonctionnement de la réforme ; quels que soit la bonne volonté, l'esprit de justice de MM. les membres de ces commissions, il leur est bien difficile, sinon impossible, *de les apprécier,* et dès lors de les juger *avec impartialité.* Devant la défense produite par les organes du contentieux du gouvernement, lequel, souvent, *ne peut produire les documents utiles, indispensables à la lumière, nie tout ou fait appel au mensonge.*

Chaque semaine voit se plaider *une ou deux affaires ;* le nombre étant de plus de deux cents, il faudra *plusieurs années* pour arriver à la fin !!!

Ces magistrats ne peuvent siéger jour et nuit, et *les maladies* des juges, *les remises à huitaine ou quinzaine, les fêtes turques et chrétiennes, et les vacances !!!* Pour peu que le nombre de ces messieurs *diminue,* soit, par une *révocation* aussi *étrange* que celle de *l'honorable et très-honorable M. Haackenan*, soit par *la maladie*, comme *M. le baron d'Arenfeld*, ces affaires ne finiront qu'avec *le siècle!!!* Certes, ce système *est avantageux* pour le gouvernement de l'Égypte, qui est toujours disposé à *recevoir*, mais jamais à *payer*.

Nous ne saurions trop insister pour que des juges spéciaux soient désignés, qui siégeraient *deux fois par semaine, matin et soir;* quelle que soit la riche position faite à MM. les magistrats, il appartient à *d'honnêtes consciences* de mettre fin à un tel déni de justice; lorsque *la vie, la fortune* de nombreuses et honnêtes familles dépendent d'une bonne et prompte justice, elle ne doit pas se faire attendre.

Que MM. les magistrats sauvegardent *leur position* par certains ménagements, à la rigueur nous l'admettons.

Doivent-ils aller jusqu'à imiter le *si honnête, si consciencieux et si scrupuleux M. Haackenan?* nous laissons cette initiative et cette réponse à leur conscience.

Nous persistons à demander que les affaires des réclamants soient examinées et jugées comme nous l'indiquons ci-dessus; elles auraient dû l'être *avant le* fonctionnement des tribunaux; de ce côté encore le pouvoir égyptien *l'a emporté*.

Que cette réforme judiciaire soit le pilori de celui ou de ceux qui le méritent, et tout sera pour le mieux!

MM. les juges des commissions spéciales et ordinaires, n'oubliez donc pas que beaucoup de ces affaires remontent à l'inauguration de ce pouvoir honteux et éhonté *(18 janvier 1863)*, que vous êtes ici pour *rendre justice* et non pour vivre *en sybarites;* aimez *la numismatique, l'antique* même, mais soyez *justes et impartiaux,* aimez les *guinées égyptiennes,* bien; *mais méritez-les!!!* Ne défendez pas quand même ce pouvoir égyptien qui *corrompt* tout ce qu'il approche. Comprenez *votre mission,* sauvegardez *l'honneur européen,* qu'*Ismaïl, l'empoisonneur, l'étrangleur* du ministre des finances, ne puisse vous appliquer *son thermomètre* des consciences *(son tarif).* Si la *France,* continuant son rôle séculaire en Orient, *était restée* comme elle le devait en dehors de la réforme judiciaire, elle aurait maintenant *sa prépondérance,* mais la singulière politique de M. *le duc Decazes* aidé de M. *le marquis de Cazeaux,* a triomphé!!!

On se demande pourquoi le pouvoir égyptien fait venir d'Europe cette multitude de fonctionnaires qu'il paye *si richement; financiers, administrateurs, avocats,* etc., etc., etc., il lui serait certes plus facile de choisir parmi les Européens en Égypte; ces derniers auraient le précieux avantage sur les premiers de parler *la langue arabe, l'anglais, le français et l'italien,* qu'un long séjour en Égypte leur a rendu familières, non-seulement à parler, mais même à écrire.

Sous le pouvoir de *Mehemet-Ali,* l'élément européen existait à peine; l'essai qu'il en fit pour sa *marine* et ses *armées* de terre fut concluant, aussi, lors de la période pacifique, il comprit qu'il devait encore l'appeler pour développer *l'industrie, le commerce,* etc., etc.

Par cet appel de fonctionnaires, le pouvoir actuel veut-il, espère-t-il *en imposer à l'Europe?* Croit-il avec leurs concours arriver *à dissimuler* sa *très-fâcheuse* situation financière? *Étrange illusion!!!* les Européens en Égypte sauront bien faire *luire la lumière* et indiquer par quels moyens et avec quelles ressources il sera possible de parer au présent et à l'avenir.

Signé : Hazoukli-Effendi et Cie.